AF359017

LES AMOURS DU SAINT-PERE,

SOIT-DISANT PAPE,

AVEC MADAME VICTOIRE,

CI-DEVANT DAME DE FRANCE,

OU Conférences infernales, libertines et sacerdotales, entre le PAPE, *les rois de* COEUR, TREFLE, CARREAU *et de* PIQUE, *leurs concubines et leurs valets.*

Recueillies sur les procès-verbaux des séances tenues à la chambre apostolique de Satan, par le Porte-Coton de Sa SAINTETÉ.

Loin de moi ce coquin et sa triple couronne,
Il n'est pas de forfait qu'un juste ciel ordonne.

AU VATICAN,

Par ordre exprès du Saint-Pontife.

L'an dernier du regne de la papauté.

ÉPITRE DÉDICATOIRE
AU TRÈS-SAINT PAPE.

Scélérat renommé, apôtre du prestige,
Qui des plus noirs forfaits étonne l'univers,
Dans ta tête un beau jour se glissa le vertige.
Et m'inspira pour toi ces véridiques vers.
Emule de Satan, pontife criminel,
Au centre de Paris, oui je brave ta rage,
Dans Rome ta fureur a profané l'autel,
Et le meurtre effrayant est ton plus digne ouvrage.
Pourquoi lâche coquin protèges-tu le crime?
De quel droit monstre affreux, te servant du poi-
   gnard,
Du citoyen chéri tu forme ta victime?
O prêtre détesté! fourbe affreux et paillard?
Tous nos républicains, en menaçant ta téte,
Brûlent de se baigner dans ton infâme sang,
Abhorrant tes excès, ton orgueil et ton rang,
De tes iniquités la vengeance s'apprête.
Enfin, réponds moi donc, sectateur de luxure,
Pourquoi ne pas borner ton pouvoir aux plaisirs,
Lors, tout en méprisant ta passion impure,
On eût plaint tes erreurs, tes lubriques désirs,
De Louis le dernier, branlotte les deux tantes,
Non, ce n'est pas un crime aux yeux de l'éternel,
De ton antre romain, va va fais un bordel,

A 2

De Pilate, Saint Pierre a foutu les servantes.
Souverain caloté, qui du bien et du mal,
Prétendant posséder toute la quintessence,
Tu ne dois ton crédit qu'à la foible ignorance ;
Mais la raison détruit ton langage fatal,
Nous sommes éclairés sur tes dévots miracles,
Tu n'es plus à nos yeux qu'un trop vil charlatan,
De la divinité, toi dictant les oracles,
Va plutôt assassin, organe de Satan,
Débiter de l'enfer les cruelles maximes,
L'histoire nous apprend que les papes et rois,
Cruels et débauchés sans frein, sans mœurs, sans
        loix,
Ont été les auteurs de nos maux et nos crimes.
Je t'adresse, imposteur, la sincère origine
De ton perfide éclat, de ta fausse grandeur,
Descendant dans ton cœur, sonde sa profondeur,
Vois ce que l'avenir quelque jour te destine.
Honoré sacripant, on lit dans Saint Mathieu,
Qu'un jour le Diable emporta le bon Dieu
Sur la montagne, et là lui dit : « beau sire
  » Vois-tu ces mers, vois-tu ce vaste empire,
  » Ce nouveau monde inconnu jusqu'ici,
  » Rome la grande et sa magnificence ?
  » Je te ferai maître de tout ceci,
  » Si tu veux me faire la révérence.
  » Notre Seigneur ayant un peu rêvé,
  » Dit au Démon que quoiqu'en apparence,

» Avantageux le marché fut trouvé,
» Il ne pouvoit le faire en conscience.
» Le diable alla dans Rome, or c'étoit l'heureux âge,
» Où de grands saints fourmillaient les élus.
» Le pape étoit un foutu personnage,
» Berger de gens, évêque et rien de plus.
» L'esprit malin fut trouver le saint père,
» Dans son taudis, qui n'étoit pas palais,
» Puis dit que Dieu vous conserve à jamais,
» O digne rejeton de l'apôtre Saint Pierre.
» Mais à l'instant il faut baiser ma griffe,
» Ajouta le Démon, d'un ton de sénateur,
» Pour cela vous aurez une triple couronne,
» Si jamais de céans l'opinion vous biffe,
» Recourez sur-le-champ à toute ma faveur :
» En faveur du Saint-Père, ainsi Satan ordonne. »
Voilà de tes travaux la marche progressive,
Misérable en rabat, rougis de mon écrit,
Ainsi me l'a dicté mon sain et bon esprit,
Je me ris de tes coups, arrive qui arrive.

CONFÉRENCE PREMIERE.

HENRI IV, roi de Cœur, GABRIELLE D'ES-TRÉES, *concubine du Roi de Cœur*, LE PAPE *du jour*.

LE PAPE à *Henri IV, roi de Cœur*.

Eh ! bien, grand roi des Français, ainsi que moi tu es donc en enfer.

HENI IV, *roi de Cœur*.

Eh ! oui, vieille ame damnée, ce n'est que pour un tems que nous pouvons abuser les hommes. Pendant ma vie, je les séduisis par de fausses vertus et vous par une détestable hipocrisie. Ministre de paix, vous avez rougi les autels du sang du plus vertueux des mortels, et moi j'ai renoncé à ma religion pour dominer impérieusement sur tout un peuple.

LE PAPE.

Mes crimes ne sont pas comparables aux vôtres, et votre gourgandine, ici présente, déposera que vous fûtes sans foi, adultère et ribaud à toute outrance ; et que sans cesse à l'affût d'un con, votre lubricité fut le tableau de vos qualités physiques et morales. Ici comme à Rome, je suis le chef de l'église ; ainsi donc, vous et votre dulcinée, à genoux devant moi et confessez-vous.

GABRIELLE D'ESTRÉES.

Qui, moi! me confesser, excrément du culte catholique, sais tu bien à qui tu parles ?

LE PAPE.

A la putain d'un roi défunt, à une femme dépravée, qui sous le nom de la Jardinière d'Anet, captiva les bonnes graces d'un monarque cocu.

GABRIELLE D'ESTRÉES.

Et moi, je réponds au lâche et perfide assassin de Basseville, au très-digne héritier des vices de S. Pierre, à un bougre déterminé, puisqu'enfin il faut que je m'explique, qui de tous les culs d'Italie, fit autant de cons propres à l'exercice de sa verge sainte, et qui enculant cardinaux, archevêques, évêques et autre vermine enfrocaillée, dédaigna nos ventres, nos cuisses, et nos tetons pour décharger en cul et fournir un saint exemple.

LE PAPE.

C'est de Jésus que je tiens le précepte.

HENRI IV, *roi de Cœur.*

Scélérat, Jésus foudroya Sodôme, brûla Gommorhe, et réduira en cendres toutes tes cavernes inquisitoriales, les royaumes d'Espagne et de Portugal, où tes infâmes disciples, la croix à la main, prêchent le carnage, seront dévastés, et ce même calice, où tu suppose que le meilleur vin de Lucerne, à ta voix sacrilège, devient le sang de la divinité, sera pour toi le calice d'amertume ; puisse ce breuvage être pour toi le plus subtil poison. Tu me reproches mes fredaines amoureuses, tiens contemporain de l'Antechrist, si tu n'es l'Antechrist toi-même, écoute ces couplets, ils sont du bon vieux temps.

Air : *Madeleine, à bon droit passa.*

Croyez-moi votre sainteté,
Est une erreur, une chimère,

Ministre de la volupté,
Chacun vous connoît bien Saint-Père,
Car vous foutez à bout portant,
    Un émigrant,
    Un émigrant,
Et c'est le culte d'aprésent.

Quand Jésus, tout rempli d'orgueil,
Vint habiter ce triste monde,
Il mit la raison au cercueil,
Alors l'ignorance profonde,
Fit de vous pauvre mécréant,
    Un garnément,
    Un garnément,
Est-il plus sot événement.

Si jamais je reviens là-haut,
Qu'un diable ou bien vous m'y ratrappe,
Sur ce j'invoque le très-haut,
Tout en disant foutre d'un pape,
Aux enfers sans plus de façon,
    Je veux un con,
    Je veux un con,
Dussiez-vous prononcer non.

LE PAPE.

Ah ! vous prétendez que cela s'arrangera de cette maniere, Satan vient de me donner le droit de diriger les consciences infernales, c'est

à peu près le même emploi que j'avois sur
terre. (*à Gabrielle d'Estrée*) pour vous, per-
ronnelle, écoutez cet apologue :

Un jour le vrai bon Dieu, voulant faire une foire,
S'avisa de peupler notre vaste univers,
De putains, de marquis, pour completter sa gloire,
Il en chosit, dit-on, jusqu'au fond des enfers.
Il consulta les saints, bien pietre marchandise,
Madelaine catin, Sainte Ursule, sœur grise,
Augustin le dévot, Saint Paul le nazillard,
Et le portier Pierrot, ce fameux babillard,
Qui s'emparant des clefs de ce séjour céleste,
Y laissa pénétrer les crimes et la peste.
Les saints furent capot, dans ce pressant besoin,
Chacun d'eux marmottant, prenoit un triste soin,
Saint Louis, le premier de ce brillant conclave,
Dit en couillon parfait, je suis roi, l'on me brave ;
Putains du Paradis, connoissez-moi pour homme,
La Vierge comme vous a tâté de ce fruit,
Qui sut vous damner tous au seul aspect d'un vit,
Quand on nous enseignait que c'étoit une pomme.
Depuis, en bon ribaud, j'attrapai la vérole,
Et l'on doit croire un saint qui donne sa parole.
Qu'enverrez-vous en France, ô Jésus de mon cœur !
Un élite assemblé de vices et d'horreurs :
Je le dis de nouveau, combinez de rechef,
Et n'allez pas enfin conclure une sottise,

Ou ma foi l Eternel , avec sa barbe grise ,
Très-fort sera blâmé , j'en jure par mon chef.
Mais Dieu n'écouta pas ce monarque imbécille ,
La France fut peuplée , un nombre de catins
Alors empoisonna et la cour et la ville :
Vous eutes votre part à ces tristes destins ,
Votre sexe lubrique, à qui non rien n'échappe ,
Damnoit tous les mortels sans le secours d'un pape.
Nous eûmes le pouvoir de prescrire des lois ,
De faire saintement assassiner les rois ,
De lier dans le ciel et lier sur la terre ,
Et de faire aux Français baiser notre derrière ;
Tout en trompant Dieu même et ses dogmes heureux,
Nous régnons sur les sots , et nous et nos neveux ,

GABRIELLE D'ESTRÉES.

Je sais bien qu'usurpant un absolu pouvoir,
Tu masquas tes forfaits par l'ombre du devoir,
D'un monarque au néant, tu peux baiser la tante,
Mais pour un confesseur montre moi ta patente.
O d'un saint bon apôtre, infâme successeur,
Qu'ai-je besoin de toi monstre privé d'honneur ;
Le plaisir de tout temps fut l'ame de notre être,
Foutre est un droit sacré, le seul qui nous fit naître,
Et nous en profitons aux enfers et par-tout,
Sans l'ordre d'un prélat, apprends que chacun fout,
Et que le chef odieux d'une trompeuse église,

Ne m'empêchera pas de lever ma chemise,
Sous tes yeux au tartare, enfin dans tous les lieux,
Tant de fois qu'il plaira à Satan et aux Dieux.

LE PAPE.

Ah ! morbleu ; c'en est trop, cette effron-
terie criminelle ne restera pas impunie. Je vous
donne ma sainte malédiction.

HENRI IV, *roi de Cœur.*

Mais vieux Caffard, radoteur éternel, vous
ignorez donc que nous habitons un séjour où
les bénédictions d'un pape et les malédictions
d'un Jean-Foutre sont de même valeur ; et de
quel droit, vous prototype de scélératesse,
prétendez-vous censurer nos actions, il vous
sied bien, fomentateur de troubles, prêtre
bourreau, qui, ainsi que nous, faites élec-
tion de domicile chez le diable lui-même, de
nous tenir le langage de la vertu, toi pape
imposteur, tes cardinaux luxurieux, qui à
Rome et dans toute l'Italie, s'agenouillent devant le cul d'un chatré, tes archevêques vo-
luptueux, qui sur le ventre d'une courtisanne
font l'oraison jaculatoire et se pâment sur un

con

con le plus souvent flétri ; enfin tes évêques, tes curés, tes vicaires, et toute la race maudite des portes-soutannes, votre sequelle infernalle ne doit être que le partage de Lucifer, sans en excepter vos enfans de chœur, dont vous faites autant de bardaches, et à qui toi, triple fripon, ouvre les portes de l'enfer, avec les clefs que le Démon t'a déposé, tandis que le fanatisme va par-tout heurlant que tu possède les clefs du paradis.

LE PAPE.

Je n'y tiens plus, je suffoque. *Vade retro.*

HENRI IV, *roi de Cœur.*

Venez ma charmante gabrielle, parcourons l'Elisée, pour oublier les préceptes de ce fourbe.

« Loin de moi ce coquin et sa triple couronne.
» Il n'est pas de forfaits qu'un juste ciel ordonne ».

(Henri IV, roi de Cœur, et Gabrielle d'Estrées étant retirés, le Pape resté seul, chante la complainte suivante.)

AIR : *Du malheureux Lisandre.*

Ah ! tout est foutu sur la terre,
Quand un pape y est sans crédit,

B

Et le destin nous l'a prédit,
Que quand l'héritier de Saint Pierre,
Seroit traité comme un couillon,
Par un peuple tout sans façon,
Qu'il falloit déserter la place,
Nos goupillons et nos *agnus*,
Et cacher sans faire grimace,
Notre cassette aux *orémus*.

En France on a déjà l'audace
De nous traiter en Antechrist,
Nous vicaires de Jésus-Christ,
Ou qui en jouâmes la farce.
On se marie sans notre aveu,
La tante ainsi que le neveu.
On n'écoute que la nature,
Ce tour affreux nous déconfit,
Et nous faisons triste figure,
Parlant même du Saint-Esprit.

Qui voudra baiser notre mule,
Ce ne sera plus qu'un nigaud ;
A mes pieds j'ai vu le badaud,
A présent le traitre recule.
Se gobergeant de mes décrets,
Je ne vois plus dans mes sujets
Qu'un ramas vil et misérable,
De prélats, de vieilles catins.

Oui c'en est fait, tout est au diable,
Quels affreux et cruels destins.

Lançons les foudres de l'église,
Sur tous ces horribles pervers,
Mais les menaçant des enfers,
Ah ! l'on rira de ma bêtise,
Et de la messe le canon,
N'a plus de faveur ni renom,
Convaincu de notre imposture,
Le peuple nous damne à son tour.
Ah ! quelle affreuse conjoncture,
Je meurs de peur en ce séjour.

Mais quoi dans cette décadence,
Que sont devenus tous les saints,
Eux qui jadis priés et craints,
Hélas ils font la révérence.
Saint-Roch est flatté de son chien,
A la mode d'un Autrichien ;
Génevieve prend sa quenouille,
Et la Madelaine en courroux,
Ne tresse que du poil de couille,
Le tout pour se foutre de nous.

On a repris la Sainte-Ampoule,
Par un décret du Saint-Esprit,
Le charlatanisme est détruit,
Et le pigeon sacré roucoule,

Au paradis c'est les enfers ,
Tout ne s'y fait que de travers ,
Chacun y parlant à sa guise ,
Annonce un saint bien révolté ,
Et l'Éternel en cette crise ,
Craint pour la Sainte Trinité.

En ce moment entrèrent de nouveaux per-
sonnages ; le pape Ange Braschi reprit son
extérieur hypocrite , et la Montespan sous
l'habit de Pallas ; la Vallière sous le costume
d'une Carmelite , s'emparèrent de la conférence suivante. La Maintenon survint à la fin ,
sous le travestissement de la dame de Treffle.

CONFÈRENCE SECONDE.

LE PAPE, *à Louis XIV, roi de Treffle.*

Qu'HOMMAGE soit rendu à Louis-le-grand, à ce vaillant roi de France, l'honneur des potentats de l'Europe.

LOUIS XIV, *roi de Treffle.*

Osez-vous me parler de cette manière, vieux juif, vous me nommez potentat de l'Europe, Ah ! que n'avez-vous quité votre vatican, vos dignités romaines, votre thiare et vos momeries religieuses, pour faire un tour à Paris, vous y eussiez vu les statues de ce Louis-le-grand, de ce vaillant roi de France, ensevelies dans la boue et foulées aux pieds par la multitude, abhorrant jusqu'au souvenir de mon existence passée, et exécrant mon ambition.

LE PAPE.

Dieu ne foudroya pas cette populace aveugle et insensée ? Laissez-moi faire, mes bons amis , Maury , Bernis , Rohan , vont me dresser un bref que j'enverrai à ce peuple farouche.

LOUIS XIV, *roi de Treffle.*

Qui n'en fera usage que pour aller à la garde-ro! e; croyez-moi , vieux pontife , ce peuple fut trop vexé et par vous , ministres détestables de la religion , et par nous , tyrans oppresseurs; vous êtes en enfer , tenez-vous-y, car sur terre et notamment à Paris , si l'on vous tenoit et qu'on ne vous déguisat pas en Saint-Jean-Baptiste , en Saint-Denis , ou en Louis Capet , par le ministère de l'exécuteur des hautes-œuvres , il pourroit au moins vous en coûter les testicules ou les oreilles.

LE PAPE.

Y Pensez-vous , moi l'apôtre de Dieu.

LOUIS XIV, *roi de Treffle.*

Dites donc le disciple du Diable. Tenez ridicule patron , je vous le répète , les papes et les rois furent de tout temps adultères , incestueux et assassins ; et pour vous en con-

vaincre , écoutez-moi , et une fois en votre vie
rendez hommage à la vérité même.

LE RÊVE D'ADAM,

Conte sacré et profane.

Adam comme on le sait , fut notre premier père,
Pour ses menus plaisirs , Dieu l'envoya sur terre,
Et vous le plaça seul pour remplir son destin ,
Dans un lieu où l'ennui , du soir jusqu'au matin,
Maîtrisoit sans quartier ce modèle des hommes ,
Et lui , pour se distraire , examinoit des pommes ,
Plantées en cet endroit sans qu'on sut trop pourquoi;
Mais ainsi l'éternel en avoit fait la loi :
On dit qu'avec le diable il avoit fait gageure ,
Que l'homme restant pur en cette conjoncture ,
Se défieroit de lui , noir esprit tantateur ,
Mais on sait le succès du démon séducteur ,
Qui ne vit rien de plus propice qu'une femme ,
Pour s'emparer bientôt et du corps et de l'ame
D'Adam ce bon humain , pour rire du bon Dieu ,
Et nous faire griller en commun dans ce lieu.
Eve étoit , on le dit , aimable créature ,
De ces pinceaux , Milton en traçant sa figure,
S'échauffe par dégrés et sur différens tons ,
Dépeint son cul , sa motte , et ses reins , ses tetons ,

Le souris enchanteur de sa bouche folâtre,
Ses fesses rebondies et sa croupe d'albâtre,
S'arrêtant à son con, il frémit de plaisir,
Sa main quitte la plume, et le plus chaud désir
Animant tous ses sens, il se branle et se pame,
En l'honneur des appas de la première femme.
Le bon Adam, docile aux loix de l'éternel,
Contemplant sa compagne, levoit les yeux au ciel,
Murmuroit de dépit, l'accusoit d'injustice,
Et disoit à part, lui, quel est donc ce caprice ?
Cette femme est à moi et je n'en puis jouir,
Homme trop malheureux, je n'ai plus qu'à mourir.
Le diable dans un coin, pour surcroit de malice,
D'Eve se reposant présentoit la matrice,
Sa gorge, tour-à-tour, se haussoit, s'abaissoit
Aux élans des soupirs qu'en secret elle poussoit ;
C'étoit-là le moment de consommer l'ouvrage,
Et de mettre à profit son perfide langage,
Puis prenant d'un serpent la forme et le contour,
Il va réveiller Eve, en lui disant bonjour :
Tu sèches, pauvre femme, en ce lieu de délices,
Des fruits de cet endroit recueillant les prémices,
Toi seule méconnoit la route du plaisir,
Et Dieu pour s'amuser te condamne à languir.
Avare de ses dons, son injustice extrême,
A bien su te priver d'une faveur suprême,
C'est le plaisir de foutre, plaisir digne des dieux,
Connu par les élus au séjour des heureux,

En suivant mes conseils , jouissez de la vie ,
Je veux en ce moment que votre ame ravie ,
Éprouve les transports de la félicité ,
Et se mette au niveau de la divinité.
Ainsi parla Satan , Eve mangea la pomme ,
Foutit conséquemment avec Adam son homme ;
Son vit se dérouilla en cet instant fatal ,
Il connut en foutant et le bien et le mal ,
Le plaisir , le chagrin , le forfait , le mensonge ,
Et Dieu pour le punir lui envoya ce songe ,
Qui bien lui retraça de sa postérité ,
Le tableau trop réel et point du tout flatté ;
De Caïn et d'Abel il découvrit la race ,
Des bons et des méchans il atteignit la trace ,
Caïn donna naissance aux papes et aux rois ,
Abel forma les hommes organes de nos loix ,
Les tyrans assassins , les prêtres sacrilèges ,
Les fourbes déréglés de ces sacrés collèges ,
Enfin ces scélérats qui tiennent l'encensoir ,
Du premier fils d'Adam , enfans du désespoir ,
Sur terre n'ont régné qu'à force de bassesses ,
Ainsi donc scélérat vantes-nous tes prouesses.

LE PAPE.

Ce que vous dites est un peu fort, et c'est
mal reconnoître les services que mes prédécesseurs vous ont rendu.

LOUIS XIV, *roi de Treffle*

Tes prédécesseurs, monstre, ose-tu bien en parler ; ils n'ont jamais su qu'égarer les hommes, les corrompre et en former des brigands et des meurtriers ; oui, à remonter au premier d'entre vous, qui se chaussa des saintes sandales. Saint Pierre, en un mot, dont vous vous énorgueillissez d'être les successeurs, je ne vois dans l'assemblage des ministres de la catholicité, que des scélérats, des fourbes, des parricides, des débauchés et des infâmes, indignes du nom d'homme : ah ! quelle réforme il y auroit à faire au paradis, si Dieu vouloit cesser d'exister en mauvaise compagnie.

LA VALLIERE, *hypocritement*

O Jésus ! mort sur la croix, fermez les oreilles à ces blasphêmes.

LOUIS XIV, *roi de Treffle.*

Taisez-vous bégueule, et ne faites pas tant la mijaurée, personne en votre siècle ne fut la dupe de votre dévotion, comme ma très-chère petite-fille, ce n'est que fatiguée d'avoir fait la putain sur la terre, que vous avez été ensevelir votre conasse méprisée au nombre de celles des Carmelites. Si je n'avois cessé de vous foutre, vous seriez morte sous moi; la rage s'est emparée de vos sens, et vous avez été foutrailler avec des moines, voilà pourquoi ces gueux-là se sont empressés de faire votre éloge.

LA VALLIERE.

O prophète Elie ! ô Saint Bruno, fermez les yeux et priez pour moi; préservez ma pudeur.

LOUIS XIV, *roi de Treffle.*

Ah ! oui, je vous le conseille, voilà encore de beaux jean foutre, pour réclamer leur intercession. Tenez putain convertie, plutôt par tempéramment que par sagesse, voilà ce que je pense de tous vos moines, de vos saints papes, et d'une partie de la légende.

COUPLETS EDIFIANS,

Air : *A la façon de Barbari.*

Saint Antoine aussi son cochon,
Sont de la même race,

L'un sous son sale capuchon,
  Du vice aimant la trace,
Car au défaut d'une fanchon,
La faridondaine, la faridondon,
  Ce bon saint se branloit le vit,
    Biribi,
A la façon de Barbari
    Mon ami

Saint Clément pape, dans son lit
  Marmotant ses bredouilles,
Par un jeune profès séduit,
  Faisoit tâter ses couilles,
C'étoit sa plus chère oraison,
La faridondaine, la faridondon,
Il amusoit ainsi son vit,
    Biribi,
A la façon de Barbari
    Mon ami.

Pour Saint Louis ce pauvre roi,
  Dont on chome la fête,
Du Paradis suivant la loi,
Ce fut un saint Jean bête,
De Blanche dédaignant le con,
La faridondaine, la faridondon,

Jamais

(25)

Jamais il n'y posa son vit,
    Biribi,
A la façon de Barbari
    Mon ami.

Pourrai-je en étant bien en train,
    Oublier Saint Ignace,
Ce moine assassin, ce vilain,
    Ainsi que Saint Pancrace,
Lesquels en faisant fi d'un con,
La faridondaine, la faridondon,
    Dans un cul vous campoient leur vit,
        Biribi,
A la façon de Barbari
        Mon ami.

Que dira-t-on de Saint Simon,
    Ce grand et digne apôtre,
Qui quand il approchoit un con,
    Déchargeoit comme un autre ;
Aussi foutit-il Madelon,
La faridondaine, la faridondon,
    Car cette sainte aimoit le vit
        Biribi,
A la façon de Barbari
        Mon ami.

LE PAPE.

Quel horreur ! si ton ame n'étoit dépouillée

de son envelope terrestre, un poignard me
feroit raison de tes profanes chansons.

LOUIS XIV, *roi de Treffle.*

Et ta rage effrenée, combleroit la mesure
de tes exécrables forfaits, mais le dernier
meurtre que tu viens de commettre, a mis
des bornes à ta sainte fureur, trembles bar-
bare, trembles, l'ombre de Baseville est en
ces lieux.

LE PAPE.

Dieux ! grands Dieux ! où fuir pour me cacher,
(*Il se sauve.*)

LOUIS XIV, *roi de Treffle, à la Maintenon.*

Laissons-le s'échapper (*à la Valiere*), venez sainte
Nitouche,
Coller en ce moment vos levres sur ma bouche,
Un souvenir heureux me raproche de vous,
Et de mon vit je vais vous présenter les coups,
Proffitez, croyez-moi, de cette rare offrande,
Peut-on la refuser quand c'est un roi qui bande.

LA MONTESPAN.

Ce vit, mon cher amant, est bien triste aujourd'hui,
Tout con bien affamé, n'a que faire de lui,

Surtout quand il s'agit de foutre une dévote ,
C'est à la Maintenon qu'il faut trousser la cotte.

LA MAINTENON.

Laissons-là ces propos , Louis quinze entre en ces
    lieux ,
L'odeur qui le poursuit, me l'annonce bien mieux,
Que l'appareil trompeur de sa grandeur passée,
Et la gloire des rois pour toujours éclipsée.
(Ils sortent.)

C 2

CONFÉRENCE TROISIÈME.

Entre LOUIS XV, *roi de Carreau ;* LA DU-
BARRY, *madame de Carreau ;* LA POM-
PADOUR *et les Gourgandines du Parc
au Cerf ; item le* PAPE *et* RICHELIEU,
valet de Carreau.

LOUIS XV, *roi de Carreau.*

Honnorables putains, objets de mon amour,
Amusez votre roi dans ce triste séjour,
Que chacune de vous, déployant la luxure,
Mérite le sur-nom d'une agréable impure,
Toutes, vous le savez, ah ! j'ai tout fait pour vous,
Pour me plaire, inventez ces passe-temps si doux,
Ces beaux coups de poignets, ces charmantes
         secousses,
J'abandonne à vos jeux et mon vit et mes bourses,
Autrement dit mes couilles, en pur et bon français,
Puisqu'auprès de vos cons, ne débandant jamais,
De vous foutre sans cesse on m'envia la gloire,
Sur ce membre foutu obtenez la victoire.
Ici je ne crains pas ce trop funeste mal,
Dont le cruel progrès me devint si fatal,
Dans les enfers on peut se foutre à tour de rôle,
Sans craindre le danger d'attraper la vérole.

LA POMPADOUR.

Paillard roi des Français , craint pourtant ce fléau ,
Qui , tu sais , te coucha dans un profond tombeau ,
Quand le vagin flétri , (*montrant la Dubarry*) de
    cette gourgandine ,
Sans respect pour un roi , a su pourrir ta pine.

LA DUBARRY, *dame de Carreau.*

Juste dieu ! Pompadour, comme vous faites la petite bouche; croyez-vous que nous ignorions vos lubriques actions , je fus putain royale, j'en conviens, Richelieu le maquereau me plaça dans le lit de ce vieux débauché , qui , dégoûtant et crapuleux, m'assimiloit à ses plaisirs. J'y fis ma fortune , c'est encore une vérité, mais je ne le trompai pas , et abstraction faite de quelques fouteries consommées à l'échappée avec d'Aiguillon , j'aurais été la plus vertueuse garce du royaume , et ce sans vous compter.

LA POMPADOUR *avec dignité.*

Que peut-on me reprocher ?

LA DUBARRY, *dame de Carreau.*

Vos dérèglemens, coquine ! et pendant que
le sot Louis XV, tranquille sur votre fidélité,
branloit des cons au Parc-au-Cerf, et se faisoit
travailler les génitoires, vous foutiez avec Saint
Florentin ; le marquis de Marigni, votre frere,
a fait maintes stations sur votre moniche ; il
n'est pas jusqu'au lieutenant de police de votre
temps , qui n'ait eu vos bonnes graces pour
des lettres de cachets.

LOUIS XV, *roi de Carreau.*

Allons paix, silence, toutes deux vous êtes
des femmes perdues , et aux enfers par-dessus
le marché. Point de bachanal ici , nous n'y
sommes pas les maîtres , Lucifer y ordonne
despotiquement , et nous pourrions y avoir
les étrivières ; quand à moi , mesdames , je
n'en hais pas le régime , plus d'une fois je n'ai
bandé qu'avec le secours du fouet des furies ,
loin de me châtier , elles ont augmenté mes
plaisirs ; mais vos fesses délicates pourroient
en être furieusement endommagées. Tenez , à
cet égard , consultez le pape qui entre avec

mon pourvoyeur de femmes, qui si connoît;
la Saint Vincent n'a pas épargné son énorme
fessier.

*(Richelieu et le Pape augmentent
la conférence).*

LE PAPE.

*Salutem omnibus, Domine sit semper pax
vobiscum.*

LOUIS XV, *roi de Carreau.*

Allons vieux pédant, sers toi de la raison
du premier calotin de l'Europe ; à quatre-
vingt ans on doit en avoir ; viens mettre à la
raison ces femelles criardes, elles se disputent
pour quelques lignes de vit ; il y a de quoi en
perdre la tête.

LE PAPE *présentant ses deux doigts comme
au temps passé.*

Dominus vobiscum.

LA DUBARRY.

Eh ! va te faire foutre, enculeur italien.

Eh ! mais en vérité ne te semble-t-il pas que nous soyons jalouses de ton *Dominus vobiscum?* Point de paix entre nous, encore moins avec les fripons de ton costume.

Et vous ne songeons qu'à bien boire,
Comme Grégoire.

LOUIS XV, *roi de Carreau.*

Grégoire étoit un pape.

LE PAPE.

Oui, mais un pape qui se borna à des pécadilles ; il disoit son bréviaire et enculoit les novices du couvent des Dominiquains ; il célébroit la messe, et se branloit devant l'image du jeune roi David. Il consacroit un peu de vin et de pain, et avoit ordinairement quarente plats à sa table, sans compter les estaffiers décorés qui lui baisent les pieds, pour se remettre en grace avec le seigneur.

LOUIS XV, *roi de Carreau.*

Vous, vieux penard, vous ne vous amusez à autre chose ; accoutumé aux badineries innocentes des poignards et des stilets, en sor-

tant vous faites assassiner froidement les ci-
toyens honnêtes gens ; mais pour vous ce sont
des bagatelles et des jeux d'enfans.

UNE PUTAIN *du Parc-au-Cerf.*

Compagnes laissons-là ce triste alibrius ,
Sa pantouffle , sa mine et sur-tout ses agnus ,
Allons , roi des putains , des plaisirs de la fille ,
Nous allons célébrer l'honneur de ta famille.

Toutes les garces du roi de Carreau
chantent ensemble.

Air : *La bonne Aventure.*

LA DUBARRY.

Dans mon con en triste roi ,
Ton vit se barbouille ,
Et de ce plaisir , la loi ,
Amuse ta couille ,
Par mon brûlant clitoris ,
Je fis crier tout Paris ,
Ce n'est pas ma faute ô gué ,
Ce n'est pas ma faute.

(*Toutes les putains font chorus.*)

LA POMPADOUR.

De Louis triste Jeannot ,
J'ai fais la conquête ,

Son successeur fut un sot,
Il en perdit la tête,
C'est qu'il falloit sans raison,
Qu'il s'amusat près d'un con,
Ce n'est pas ma faute ô gué,
Ce n'est pas ma faute.

LA MAILLY.

J'ai réuni les plaisirs
Dans la cour de France,
Tout y flattoit mes désirs,
Le foutre et la bombance.
Mais maintenant aux enfers,
Plus de vits dans l'univers,
Ce n'est pas ma faute, ô gué,
Ce n'est pas ma faute.

En ce moment un coup de tonnerre annonce un changement ou au moins une révolution dans l'empire infernal ; chacun se sauve, et la quatrième conférence commence ci-après.

CONFÉRENCE QUATRIÈME.

Tous les Rois assemblés, le Pape revêtu d'une souquenille ; les Catins des rois ; Louis sans tête, roi de Pique ; une Furie, sa compagne ; les ombres de Baseville et de le Pelletier. Les Furies, les Démons et tout l'Enfer assemblé.

LE DIABLE *assis devant son tabernacle.*

Venez, avancez-vous, ô juges des enfers,
Effrayez par ma voix, tous les peuples divers ;
Sur terre il se commet mille meurtres infâmes ;
Cela vient, nous dit-on, par la faute des femmes,
Ces monstres revêtus de moire ou de satin,
Et dont tout l'art consiste à faire une putain,
Ont dans votre manoir apporté tous les crimes ;
Et parmi nos héros, assemblé leurs victimes ;
Il faut mettre ordre à tout, ô juges, prononcez ;
Je fais exécuter tout les arrêts lancés :
Je suis las des forfaits, qui commis sur la terre,
Présentent à nos yeux une éternelle guerre.
D'abord jugez le pape, un prêtre scélérat,
Veut de votre vengeance un formidable éclat.

Ce bougre calotté m'excite à la vengeance,
Et je veux que par lui le suplice commence ;
En effrayant ainsi tous ces peuples divers,
Nous n'aurons plus ici qu'un nombre de pervers.
Je ne veux pas pour lui la simple guillotine,
A des tourmens cruels Lucifer le destine,
Je le donne aux furies, en étant tourmenté,
Le bougre s'en prendra à la divinité.
D'elle par trop long-temps lâche et perfide organe,
Il sut l'interpréter en fripon foutromane.
Qu'il soit pendu sur l'heure, oui sans aucun procès.
Pendre un pape en enfer c'est un jour de succès.
Paris célébrera ce grand jour de victoire,
Aux enfers ce sera le comble de la gloire.

L'OMBRE DE BASEVILLE.

Votre vengeance est juste, ô roi des noirs enfers,
Son trop lâche forfait étonne l'univers,
Mais dans cet instant-ci mon ombre lui pardonne,
Ainsi, quoique votre courroux sollicite et ordonne,
Que l'humiliation soit son seul châtiment.

L'OMBRE DE LE PELLETIER.

Souffrez Satan, souffrez que je pense autrement,
Que ce lâche coquin soit renvoyé sur terre,
Pour y subir enfin les horreurs de la guerre,

Les

P.
LIVRE
DES
DESTI
NÉS

Les Français, tous s'empressent pour le bien punir,
Son suplice y est prêt laissez-le lui subir.

SATAN.

D'après tous vos avis, je renvoie cet infâme,
Mais avant de partir, je jure sur mon ame,
De lui faire essuyer certaine correction,
Qui pour un temps sans doute lui donnera raison.
Or, venez-ça furies, armez la discipline,
Et fouettez ce gredin du talon à l'échine,
Mais pour mieux célébrer cet objet important,
Je veux que le caffard soit fessé en chantant,
Lui pendant ce temps-là dira ses patenôtres,
Allons chatouillez-moi le cul de cet apôtre,

Les trois Furies armées de souet.

AIR : *Adieu donc Dame Françoise.*

ALECTO.

Allons vite la culotte,
Bien baissée jusqu'au jarret,
Et n'es-tu pas toujours prêt .
Qand il s'agit d'une motte,
Allons vite la culotte,
Bien baissée jusqu'au jarret.

D

LE PAPE.

Par pitié mesdames les furies, au nom des clefs du paradis, ménagez mon derrière.

SATAN.

Point de miséricorde.

TISIPHONE, *même air.*

Monseigneur de la calotte,
Vite dépêchez-vous donc,
Pour ce cul point de pardon,
Allons troussez cette cotte,
Nous allons en cet instant
Faire jaillir votre sang.

Tout le chœur répète le refrain.

MÉGÈRE, *même air.*

De la main d'une dévote,
Tu ne souffrirois pas tant,
Tu dois bien savoir pourtant
Quelle fesse de bonne sorte,
Mais vive un bras de furie,
Pour faire cette œuvre pie.

[Toutes les trois Furies déchargent leurs

fouets sur les reins, les fesses et les cuisses
de sa sainteté, qui les mains jointes crie
grace.

SATAN.

Mais quel objet vient donc frapper ma vue,
J'ai pourtant ce matin fait ici la revue,
Et je vois de mes gens tout le nombre augmenté.
Un sans tête de plus fait ma curiosité ;
Ensuite une Furie formant la quatrième,
Oh oh ! que signifie le nombre plus troisième ?

UNE QUATRIÈME FURIE.

Monarque des enfers, cesse de t'étonner,
tu vois en moi le génie familier d'Antoinette,
ci-devant reine de France, du corps de Marie-
Thérese, impératrice d'Hongrie, j'ai passé
dans le sien ; j'ai présidé à tous ses forfaits ;
j'ai été l'ame de ses lubricités, de son liberti-
nage affreux, et cet imbécille qui m'accom-
pagne et qui ressemble à Saint-Denis comme
deux gouttes d'eau, à la mitre près, c'est
Louis Capet, décédé à la guillotine de France,
place de la Révolution.

D 2

SATAN.

Scélérat, c'est donc toi, ma foi je t'attendois,
Non pour t'administrer ce que tu prétendois,
Mais pour te corriger de ta folle sottise,
De ta scélératesse, ainsi que ta bêtise,
Tu dois bien maintenant en être convaincu,
Qu'un glaive a fait tomber ta face de cocu.
Je ne me trompe pas, et le bougre est si bête,
Qu'en venant ici bas il oublia sa tête.

LOUIS *sans tête, parlant en vampire.*

Satan ne parlez pas de cette vile folie,
Je l'ai trop bien expié en y laissant ma vie.
C'étoit-là le seul prix de mes lâches forfaits,
Qu'il n'en soit plus question, j'y renonce à jamais,
Et la Furie présente, image de Toinette,
Rend en ce grand moment mon ame satisfaite.

SATAN.

Allons, allons, eh bien soit, laissons ce grand
         fracas,
Je veux que dans l'enfer on vive sans tracas.
Je ne puis néanmoins, de ta métamorphose,
Voir le drole d'effet, mais parlons d'autre chose.

Rions , buvons , chantons , faisons tous bien les
foux ,
Chassons d'ici le Pape , il nous met en courroux.

*Les Furies enmènent le pape à grands
coups de fouet.*

F I N.

ÉPITRE A L'AUTEUR

D U

SAINT PÈRE A TOUS LES DIABLES.

Ta langue que le fiel distille,
Te fera trouver tot ou tard,
Un vengeur muni d'un poignard
Plus tranchant que celui d'Achille;
Pauvre mais insolent esprit,
Que la médisance nourrit,
Sache qu'à quelque excès que ta fureur s'échappe,
Le pape sera toujours pape,
Et que tu n'es qu'un franc pied-plat.
Ingrat et traître envers son maître,
Subsistant aux dépens du plat,
Du sot qui peut te méconnoître.
Un pied dans le bordel, l'autre dans l'hôpital,
De tous les grands tu dis du mal.
Crains à la fin que ceux que ta fureur attaque,
Ne te fasse jeter dans un sale cloaque.
Coquin, la crainte du bâton,
Comme un chien te fait fuir, mais si rien ne t'arrête,
La foudre sur ton dos s'apprête,
Qui te fera changer de ton.

Si médire t'es nécessaire ,
Tu peux parler de ces coquines ,
Qui de leur amour mercenaire ,
Font payer leurs faveurs libertines ,
Fonde ton espoir sur leur bourse ,
Ce sera desormais ton unique ressource ,
Haï des hommes et de dieu ,
Détesté par le diable même ,
Ta bouche , mère du blasphême ,
Te fait chasser de quelque lieu ,
Nous te verrons dans peu sur le haut d'une échelle ,
De valets de taverne et de crocs entourés ,
Danser au bout d'une ficelle
Au doux branle de leur *salve.*
Or , va poursuis ta triste chance ,
Mais sois assuré qu'un cordeau ,
Ou le bâton , ou le couteau ,
Feront taire ta médisance.

CHANSON
SUR
LA RÉFORME DE LA FÊTE DES SAINTS.

AIR : *De la Madeleine.*

JE vais vous chanter cher amis,
L'article du journal céleste,
Un ange en mes mains l'a remis,
C'est un des anges les plus prestes,
Il est daté du Mercredi,
Il l'eut Jeudi, vint Vendredi,
Et me le donna Samedi.

Il me dit j'arrive des cieux,
Ah ! c'est un bachanal énorme,
On voit mille séditieux,
Au sujet de cette réforme,
Les Saints qui s'y trouvent compris,
Grands et petits,   *bis.*
Font les diables en paradis.

Chez le plus grand des Tout-puissans,
On vit douze saints d'une bande,

Suivis de milliers d'*Innocens*,
Faisant tous la même demande,
Mathias crie en vain, Jésus,
Par quel abus,   *bis.*
Paris ne nous fête-t-il plus ?

Les deux *Jacques* veulent parler,
La rage leur ferme la bouche,
Ils ne peuvent que bredouiller,
Après un silence farouche,
Ils sont réduits à bégayer,
A supplier,   *bis.*
Qu'on change le calendrier.

Laurent sur son gril attaché,
Gémit d'un si triste salaire,
Barthelemy tout écorché,
Voudroit que ce fût à refaire,
Il jure en jetant les hauts cris,
Qu'à pareil prix,   *bis.*
Il n'y sera jamais repris.

Que l'on me chome, dit *Mathieu*,
Ou pour les humains je ne bouge ;
Saint *Michel* crie au fils de Dieu,
Je veux qu'on me récrive en rouge ,

Moi qui piétinois sur Satan ,
Monsieur Saint Jean ,   *bis.*
. A bien la fête une fois l'an.

Philippe et *Jude* en couroux ,
Coadjuteurs en survivance ,
N'en sont plus humbles ni plus doux ,
Étalent autant d'arrogance·
Christophe le moins désolé ,
Dit essouflé   *bis.*
Je ne serai point persifflé.

De Monseigneur , pauvre patron ,
Gros butor , infâme faux-frère ,
Penses-tu voir long-temps ton nom ,
Subsister en gros caractères ;
De sur la liste des élus ,
Seras exclus ,   *bis.*
Répliquent mutins en chorus.

Faisons mieux , ne souffrons jamais ,
Que nos noms soient en jours ouvrables ,
On nous prendroit pour des benets ,
Nous devons être inébranlables ;
Chers confrères , pour seul moyen ,
Tenons-nous bien ,   *bis.*
Et nous pourrons ne perdre rien.

Dans ce temps l'Éternel entra ,
Il demande qui vous désole ?
On croiroit être à l'Opéra ,
On n'entend pas une parole ;
Au lieu de Saints je vois des foux ,
Mais qu'avez-vous ,   *bis.*
Pour troubler la paix de chez nous ?

Simon commence à pérorer ,
Et se plaint que Beaumont l'abhorre ;
On entend *Marcel* murmurer ,
Martin veut qu'on le deshonore ;
Un autre accourt tout effaré ,
C'est Saint *André* ,   *bis.*
Jurant comme un désespéré.

Saint *Thomas* dit sans me vanter ,
Je crois bien en valoir un autre ,
Monsieur Saint *Denis* va rester ,
Parce qu'il fait le bon apôtre ;
Ce Saint quoique décapité ,
En vérité ,   *bis.*
Est le Saint le plus entêté.

Paix ! répond la Divinité ,
Ou je vous enverrai tous paître ,

Parce que vous avez été,
Vous prétendez donc toujours être ?
Rien n'est de toute éternité,
La vanité,
Sied mal avec la sainteté.

bis.

F I N.